한글 세대를 위한 독송용

매일법회

법륜불자교수회 공인 독송용 경전 ❿

한글 세대를 위한 독송용

매일법회

【每日法會 — 무비 스님·조현춘 공역】

운주사

편역자 서문

'사람은 어떻게 살아야 하는가?'

이 질문은 인간이 그 역사를 시작하면서부터 품어온 인간존재에 대한 본질적인 문제일 것입니다. 이것은 매우 어려운 문제지만 그러나 쉽게 대답할 수 있는 말은 '사람으로서 가장 사람답게 사는 일'이라고 할 수 있을 것입니다. 그렇습니다. 사람인 이상 무엇보다도 중요하며 우선해야 할 일이 있다면 그것은 사람으로서 가장 사람답게 사는 일입니다.

그렇다면 어떻게 사는 것이 사람으로서 가장 사람답게 사는 일이겠습니까? 그 문제에 대한 올바른 길을 제시하기 위해서 그 동안 수많은 현철들이 세상에 오시어 많은 가르침들을 남겨 놓았습니다. 불교 역시 사람이 사는 올바른 길을 위한 팔만 사천의 가르침을 제시하고 있습니다.

기계 문명의 발달로 인하여 물질을 누리는 삶은 눈부시게 풍요롭고 편리하게 되었으나 '사람으로서 진정 사람답게 사는 것이 무엇인가'라는 문제에서는 실로 그 의문이 적지 않습니다. 이번에 중요 불교 경전을 공역한 대심거사 조현춘 교수님은 심리학을 연구하여 후학들을 가르치는 한편, 행복훈련원을 세워 많은 사람들에게 행복의 길을 안내하는 참으로 소중한 일을 하시는 분입니다.

더구나 근래에는 부처님의 가르침에 심취하여 '화엄경과 화이트헤드'를 공부하는 모임을 지도하고 있습니다. 이 모임을 통해 부처님의 진리, 즉 '사람이 어떻게 하면 진정 사람답게 사는가?'라는 문제의 해답을 한글세대들의 언어로 제시하고 있습니다. 지금까지 한글다운 한글로 "한글세대를 위한 독송용 불경 시리즈"를 계속 출간하고 있으며, 지금은 한글 법요집, 42장경, 원각경, 약사경, 입법계품, 화엄경 등을 준비하고 있습니다.

모쪼록 참 진리인 부처님 말씀을 읽고, 그 인연공덕으로 삶의 의미를 깨닫게 되기를 바랍니다.

여천 무비(如天 無比)

매일법회 차례

편역자 서문 ... 5

I. 새벽 예불 ... 9
1. 삼업을 씻어내는 진언 ... 9
2. 【도량석】 ... 9
3. 【새벽 종송】 ... 12
4. 【장엄염불】 ... 15
5. 【아침 예경】 ... 16
6. 【아침 발원】 ... 22
7. 【신중단 예경】 ... 25

II. 사시 불공 ... 33
1. 모두에게 예경을 올리는 진언 ... 33
2. 【사시예경】 ... 34
3. 【천수경】 ... 38
4. 【청한 이유】 ... 61
5. 【공양 드시기를 청함】 ... 63

Ⅲ. 저녁 예불 72

1.【저녁 종송】 72

2.【저녁 예경】 73

3.【저녁 발원】 77

4.【신중단 예경】 80

용어해설 87

편역자 발문 93

일러두기

1. 한글다운 한글로 번역하였습니다.
2. 간단한 설명은 각주로, 긴 설명은 용어해설로 제시하였습니다.
3. 【 】안의 내용은 통상 독송하지 않습니다.
4. 여러 법요집을 참고하여 무난하게 만들었습니다.
5. 사찰이나 가정에서 매일 봉행해야 하는 법회를 말합니다. 일반법회, 특별법회, 간단한 불교의식은 따로 준비하겠습니다.

Ⅰ. 새벽 예불

1. 삼업을 씻어내는 진언[1]

옴 사바바바 수다살바 달마 사바바바 수도함(세번)

2. 【도량석[2] : 의상조사 법성게】

법의성품 원융하고 두생각에 안걸리니

---

[1] 삼업(三業) : 몸과 말과 마음으로 지은 업을 말합니다. 대개의 경우 악업을 말합니다.
  진언(眞言) : 대개의 경우 번역하지 않고 인도 말 그대도 사용하는 매우 거룩한 내용의 말을 말합니다.
[2] 법성게, 약찬게, 반야심경, 해탈주, 사대주, 천수경 등을 염송합니다.

모든법이 부동하여 고요하기 그지없다.
이름에도 모습에도 어디에도 안걸려야
모든것을 알아보는 참지혜를 얻게된다.
참성품은 깊디깊고 미묘하디 미묘하여
자기성품 고집않고 인연따라 나투운다.
하나안에 일체있고 일체안에 하나있어
하나가곧 일체이며 일체가곧 하나이다.
한티끌은 온우주를 고스란히 머금었고
낱낱티끌 각각마다 온우주를 품었구나.
끝도없이 긴긴세월 무량겁이 찰나이고
찰나가곧 긴긴세월 한량없는 겁이로다.
세간들과 출세간이 서로함께 어울려도
혼란없이 정연하고 뚜렷하게 구분된다.

처음발심[3] 한마음이 바른깨침 이룬때요
생사경계 열반경계 항상서로 화합한다.
근본진리 현상계가[4] 따로없고 하나이니
부처님과 보현보살[5] 모든성현 경계로다.
넓고깊은 해인삼매[6] 오롯하게 이루어야
불가사의 무궁한법 빠짐없이 드러난다.
보배비가[7] 중생위해 하늘가득 내려오나
중생들은 그릇따라 이로움을 얻는다네.
이러하니 수행자는 근본으로 돌아가서
망상심을 쉬지않곤 얻을길이 달리없네.

---

3) 발심(發心) : 최고의 바른 깨달음을 이루려는 마음을 내는 것을 말합니다.
4) 현상계(現象界) : 진리의 세계인 진여세계와 대비되는 '보여지는 세계'라고 할 수 있습니다.
5) 보살(菩薩) : 범어 보리 살으바의 준말입니다. 최고의 바른 깨달음을 이루려는 마음을 낸 사람을 말합니다.
6) 해인삼매(海印三昧) : 화엄경을 설할 때에 부처님이 들었던 삼매를 말합니다.
7) 보배비 : 보배가 비가 오듯이 많다는 말입니다.

무인연의 좋은방편 마음대로 자재하면
보리열반 성취하는 밑거름을 얻음일세.
이말씀의 무진법문[8] 한량없는 보배로써
온법계를 장엄하고[9] 보배궁전 이루어서
결국에는 진여법성[10] 중도자리 깨달아서
부동자리 돌아가면 이가바로 부처일세.

3. 【새벽 종송】

이종소리 온법계에 두루퍼져서
철위산의[11] 어두움을 모두밝히고

---

8) 무진법문(無盡法文) : 한량없이 귀중한, 한량없이 많은 법문이라는 말입니다.
9) 장엄(莊嚴) : 매우 거룩하고 아름답다는 말입니다.
10) 진여법성(眞如法性) : 우리의 법성은 무엇과도 비교할 수 없는 진여 그 자체라는 말입니다.

지옥아귀　축생고통[12]모두없애고
모든중생　등정각을[13]이루게하길
온마음과　온몸으로　기원합니다
보배게송[14]귀한법문　설하시어서
금과옥조　경전들을　편찬케하여
모든중생　빠짐없이　받아들이고
모든세계　원만하게　융화시키는
삼십구품　십만게송　일승원교인
대방광불　화엄경의　주인되시고
화장세계[15]존귀하고　자비로우신

---

11) 철위산(鐵圍山) : 지옥이 있다는 산입니다.
12) 축생고통(畜生苦痛) : 축생은 동물 중에서 인간을 제외한 모든 동물을 말하는데, 축생들은 항상 약육강식의 세계에 살기 때문에 항상 불안하며, 고통이 매우 큽니다.
13) 등정각(等正覺) : 무엇과도 비교할 수 없는 최고의 바른 깨달음을 말합니다.
14) 게송(偈頌) : 찬양하고 찬탄하는 노래를 말합니다.
15) 화장세계(華藏世界) : 비로자나 부처님의 정토를 말합니다.

비로자나 부처님께 기원합니다.
온마음과 온몸으로 기원합니다.
대방광불 화엄경!(세번)

【화엄 제일 사행시[16]】
과거현재 미래세상 모든세계의
일체모든 부처님을 알고자하면
온누리의 모든것이 일체유심조[17]
내마음이 만든것을 봐야합니다.

---

16) 화엄경 야마천궁 게찬품에 있으며, 파지옥게 혹은 제일게라고도 합니다.
17) 일체유심조(一切唯心造) : 모든 것을 내 마음이 만들었다는 진리를 말합니다.

지옥을 없애는 진언

나모 아따 시지남 삼먁삼못다 구치남 옴 아자나 바바시 지리지리 훔
(세번)

4. 【장엄염불 : 예】 18)

이생명이 다하여도 딴생각않고
일심으로 아미타불 따르오리다
지성으로 옥호광명19)간직하고서

---

18) 장엄염불은 '한글세대를 위한 독송용 '백팔대참회문 장엄염불' 중에서 일부를 염송합니다.
19) 옥호광명(玉毫光明) : 부처님은 두 눈썹 사이에 백옥같이 흰 털이 있는데, 이 털은 오른쪽으로 말려 있으며, 끊임없이 빛을 발하고 있습니다.

잊지않고 　금빛색상 　생각하리다
염주들고 　법계두루 　돌아보고서
온세상이 　허공처럼 　막힘이없고
곳곳마다 　부처님을 　만나뵈옵고
극락정토 　이루기를 　바라옵니다
나무아미타불![20]

5. 【아침 예경】 [21]

【차를 올리는 게송】 [22]

제가지금 청정수를 감로차로 올립니다

---
20) 세 번 염송할 수도 있고, 여러 번 염송할 수도 있고, 한 구절마다 염송할 수도 있습니다.
21) 예경(禮敬) : 예배 공경의 준말입니다.
22) 새벽예불시 차를 올릴 때에만 염송합니다.

정성다해 삼보님께[23] 감로차를 올립니다
감로차를 드십시오 자비로써 드십시오
삼보시여 자비로써 감로차를 드십시오

【다섯 향을 올리는 게송】

바른 행동의 향기, 맑은 마음의 향기, 밝은 지혜의 향기, 참된 해탈의 향기, 해탈 지견의 향기를 올립니다. 온 법계에 가득한 광명의 구름 향기를 올립니다. 온 누리의 한량없이 많은 부처님과 가르침과 제자들

---

23) 삼보(三寶) : 부처님, 부처님의 법, 부처님을 따르는 대중을 통틀어 말합니다. 통상 불법승이라고 합니다.

께[24] 올립니다.

향을 올리는 진언

옴 바아라 도비야 훔[25] (세번)

지극한 마음으로 따르겠습니다.
- 삼계의[26] 스승이시고 사생의[27] 자비로운 어버이시며 저의 가장 큰 스승이신 석가모니 부처님을

---

24) 제자들 : 전통적으로 '스님들'이라고 했는데, 제자들이라고 번역하였습니다. 부처님의 제자 사부대중을 말합니다.
25) '윤회업을 빠짐없이 모두 없애고, 저 언덕에 서서 빨리 도달하기를 간절하게 기원하며 향 올립니다'라는 의미입니다.
26) 삼계(三界) : 욕계·색계·무색계를 말합니다.
27) 사생(四生) : 출생 방식에 따라서 모든 생명체를 네 부류로 구분합니다.

항상 지극한 마음으로 따르겠습니다.

- 시방[28] 삼세[29] 온 누리에 계시는 많고 많은 부처님들을 항상 지극한 마음으로 따르겠습니다.

- 시방 삼세 온 누리에 계시는 많고 많은 부처님의 가르침들을 항상 지극한 마음으로 따르겠습니다.

- 큰 지혜의 문수 보살님, 큰 행원의 보현 보살님, 대비심의[30] 관

---

28) 시방(十方) : 동·남·서·북·북동·남동·남서·북서·하방·상방을 말합니다. 사방, 오방, 육방, 팔방, 시방은 구분되어 사용되기도 하지만, 모든 방향이라는 동의어로 사용되는 경우가 많습니다.
29) 삼세(三世) : 과거 · 현재 · 미래를 말합니다.
30) 대비심(大悲心) : 중생들의 고통을 나의 고통으로 공감하고 안타까워함이 매우 큰 마음을 말합니다.

세음 보살님,[31] 큰 발원의[32] 지장 보살님을 항상 지극한 마음으로 따르겠습니다.

• 영취산에서 부처님의 가르침을 받았던 십대제자,[33] 십육성현, 오백성현, 독수성현,[34] 천이백 아라한을 위시한 한량없이 많은 자비로운 성현님들을 항상 지극한 마음으로 따르겠습니다.

---

31) 관세음보살(觀世音菩薩) : 관자재 보살, 관음 보살이라고도 합니다. 대비심의 상징입니다.
32) 발원(發願) : 극락세계를 건설하여 중생을 구제하려고 하거나, 착한 일을 하려는 마음을 일으키는 것을 말합니다.
33) 십대제자(十大弟子) : 부처님의 가장 대표적인 열 분의 제자를 말합니다.
34) 독수성현(獨修聖賢) : 특별한 스승이 없이 혼자서 수행하여 성현의 경지에 이른 분을 말합니다.

- 인도에서 동쪽으로 한국에까지 가르침의 등불을 이어오신 큰 조사 스님들과[35] 천하의 종사 스님들과[36] 많은 선지식들을[37] 항상 지극한 마음으로 따르겠습니다.
- 시방 삼세 온 누리에 계시는 많고 많은 부처님의 제자들을 항상 지극한 마음으로 따르겠습니다.
- 간절히 바라옵나이다. 대자대비하신 삼보시여! 저의 절을 받으시

---

35) 조사(祖師) : 후세 사람들의 귀의와 존경을 받는 큰스님을 말합니다.
36) 종사(宗師) : 부처님의 정법을 전하여 다른 사람에게 존경을 받는 사람, 혹은 선종을 전하는 스님을 말합니다.
37) 선지식(善知識) : 부처님의 법을 전하는 사람을 말합니다.

고 한량없이 큰 가피를[38] 내려 주시옵소서. 저와 모든 중생들이 모두 부처를 이루도록 하여 주시옵소서. 간절히 간절히 바라옵나이다.

6. 【아침 발원 : 예】 [39]

온누리를　밝게비춰　이롭게하고
무량광명　내리시는　부처님이여!
진여태양[40]찬란하게　빛을발하고

---

38) 가피(加被) : 부처님이나 보살님들께서 중생들을 보살펴주는 것을 말합니다.
39) 집전하는 분이 적절히 발원합니다.
40) 진여태양(眞如太陽) : 태양이 가장 밝고 맑듯이 우리의 법성이 태양처럼 밝고 맑

법성바다[41] 한량없이 넓고깊으니
최고바른 깨달음의 공덕으로써
모든국토 기름지게 하겠습니다.
모든중생 각각마다 소원을따라
깨달음의 길로가게 하겠습니다.

오늘아침 이발원이 변하지않고
진실하고 깨끗한맘 갖겠습니다.
모두모두 용서하는 자비심으로
감사하고 기뻐하는 하루가되고

다는 의미도 되고, 부처님께서 태양과 같은 진여법성을 보여주고 있다는 의미도 됩니다.

41) 법성(法性)바다 : 법의 성품이 한량없이 크고 맑고 아름답고 풍부하다는 말입니다.

슬기로운 하루되게 하겠습니다.
대자비를 베푸시는 부처님이여!
오늘하루 새생명과 감동의날로
만들기를 간절하게 바라옵니다.
오늘하루 즐겁고도 즐거운날로
만들기를 간절하게 바라옵니다.
이아침은 부처님의 원력속에서[42]
출발하는 기쁨광명 승리의아침
거룩하신 부처님뜻 따르렵니다.

석가모니 부처님길 일심으로 가렵니다.

---

42) 원력(願力) : 좋은 원을 세워서 실천하려는 노력, 혹은 이러한 노력으로 얻은 능력을 말합니다.

석가모니 부처님길 일심으로 가렵니다.
가장크신 스승이신
석가모니 부처님길 일심으로 가렵니다.

7. 【신중단 예경】

지극한 마음으로 따르겠습니다.
● 진법계[43] 허공계에서[44] 화엄회상에[45] 오신 욕계[46] 색계의 모든 하느님들을 항상 지극한 마음으

---

43) 진법계(盡法界) : 끝없이 넓고 큰 법계를 말합니다.
44) 허공계(虛空界) : '보이지 않는 허공의 세계'를 말합니다.
45) 화엄회상(華嚴會上) : 부처님께서 화엄경을 처음 설하셨던 법회, 혹은 화엄경을 독송하거나 설하는 법회를 말합니다.
46) 욕계(欲界) : 음욕, 식욕 등에 끌려 다니는 세계를 말합니다.

로 따르겠습니다.
- 진법계 허공계에서 화엄회상에 오신 팔부신중과[47] 네분 하느님 왕을 항상 지극한 마음으로 따르겠습니다.
- 진법계 허공계에서 화엄회상에 오신 '법을 지키는 착한 신중님들'을 항상 지극한 마음으로 따르겠습니다.
- 간절히 바라옵나이다. 천룡팔부 신중들이여![48] 가까이서 저를 옹

---

47) 신중(神衆) : 문자 그대로는 신들이라는 의미이나 통상 좋은 신들이라는 말입니다.
48) 천룡팔부(天龍八部) : 부처님의 법을 수호하는 신장들, 즉 하느님, 용, 야차, 아수라, 가루라, 건달바, 긴나라, 마후라가를 말합니다.

호하여 주시옵소서. 어려운 곳에 가더라도 어려움이 닥치지 않도록 하여 주시옵소서. 간절히 간절히 바라옵나이다.

【한글세대를 위한 독송용 반야심경】

반야바라밀을[49] 깊이 행하여, 오온이[50] 모두 공함을 보고, 모든 고통에서 벗어나신 관세음 보살님께서 말씀하셨습니다.[51]

---

49) 반야(般若)바라밀 : 반야는 '법의 참다운 이치에 부합하는 최상의 지혜'를 말하고, 바라밀은 완성을 말합니다.
50) 오온(五蘊) : 대상(객관적 대상)-느낌-생각-행동-인식의 다섯을 말합니다.

사리불 장로님! 대상은 공함과 다르지 않고,[52] 공함은 대상과 다르지 않습니다. 대상이 바로 공함이며, 공함이 바로 대상입니다. 느낌·생각·행동·인식도 대상과 마찬가지입니다.

사리불 장로님! 이 모든 법들이 모두 공함을 보아야 합니다. 생겨남에도 걸리지 않고 없어짐에도 걸리지 않아야 하며, 더러워짐에도 걸리지 않고 깨끗해짐에도 걸리지 않

---

51) 일부 불자님들은 '반야심경을 부처님께서 직접 말씀하셨다'고 하기도 합니다. 심경설주를 참고하십시오.

52) '대상이 있으면 공함이 있고, 대상이 없으면 공함이 없습니다'라는 의미입니다.

아야 하며, 많아짐에도 걸리지 않고 적어짐에도 걸리지 않아야 합니다. 이렇게 하여 공함을 이루게 되면, 어떤 대상에도 걸리지 않게 됩니다. 어떤 느낌·어떤 생각·어떤 행동·어떤 인식에도 걸리지 않게 됩니다. 눈·귀·코·혀·피부·마음에도 걸리지 않게 됩니다. 형상·소리·냄새·맛·촉감·법에도[53] 걸리지 않게 됩니다. 눈의 세계·귀의 세계·코의 세계·혀의 세

---

[53] 법(法) : 부처님의 법도 되지만, 개인이 생각하는 법도 됩니다.

계 · 피부의 세계 · 마음의 세계, 그 어느 세계에도 걸리지 않게 됩니다. 어두움이나 어두움에서 벗어남에도 걸리지 않게 됩니다. 늙고 죽음이나 늙고 죽음에서 벗어남에도 걸리지 않게 됩니다. 고집멸도에도[54] 걸리지 않게 됩니다. 지혜에도 걸리지 않고, 이룸에도 걸리지 않게 됩니다. 이룸에도 걸리지 않게 되었다는 생각조차도 하지 않게 됩니다.[55] 그래서 보살님들께서는

---
54) 고집멸도(苦集滅道) : 사성제라고도 합니다.
55) 현장 역보다는 법성 역이 더 적절할 것 같아서 亦無不得. 是故에서 번역합니다.

반야바라밀에 의지하여, 모든 속박에서 벗어나셨습니다. 모든 속박에서 벗어나서, 모든 두려움에서 벗어나고 모든 망상에서 벗어나서, 구경열반을[56] 이루셨습니다. 과거·현재·미래의 모든 부처님들께서도 반야바라밀에 의지하여, 최고의 바른 깨달음을[57] 이루셨습니다. 따라서 알아야 합니다. 반야바라밀은 참으로 신비한 진언이며, 참으로 밝은 진언이며, 참으로 높은 진

---

56) 구경열반(究竟涅槃) : 고통이 전혀 없는, 완전한 기쁨의 세상을 말합니다.
57) 최고의 바른 깨달음 : 음사는 '아누다라삼먁삼보리'입니다. 일부 불자님들께서 '아뇩다라삼먁삼보리'라고 음사하기도 합니다.

언이며, 무엇과도 비교할 수 없는 진언입니다. 참으로 진실하여 모든 고통을 없애주는 진언입니다. 그래서 반야바라밀의 진언을 말씀드리면, 다음과 같습니다.

'가자가자 넘어가자 다함께 가자. 피안에 가자'[58] (세번)

<새벽예불 끝>

---

58) 음사는 "가떼가떼 빠라가떼 빠라상가떼 보리스바하"이며, 일부 불자님들께서는 "아제아제 바라아제 바라승아제 모지 사바하"라고 하기도 합니다. 심경진언을 참고하십시오.

Ⅱ. 사시 불공

1. 모두에게 예경을 올리는 진언

제가지금 이몸으로 한량없는 몸나투어
두루계신 삼보님께 무량예경 올립니다.

옴 바아라 믹 (세번)

【삼보님을 간절하게 청하옵니다】

일체모든 부처님께 귀의하오니

빛으로서　이법회에　왕림하소서
일체모든　가르침에　귀의하오니
빛으로서　이법회에　왕림하소서
일체모든　제자들께　귀의하오니
빛으로서　이법회에　왕림하소서

2.【사시예경】

지극한 마음으로 공양을 올립니다.
● 삼계의 스승이시고, 사생의 자비로운 어버이이시며, 저의 가장 큰 스승이신 석가모니 부처님께 지

극한 마음으로 공양을 올립니다.
- 시방 삼세 온 누리에 계시는 많고 많은 부처님들께 지극한 마음으로 공양을 올립니다.
- 시방 삼세 온 누리에 계시는 많고 많은 부처님의 가르침들께 지극한 마음으로 공양을 올립니다.
- 큰 지혜의 문수 보살님, 큰 행원의 보현 보살님, 대비심의 관세음 보살님, 큰 발원의 지장 보살님께 지극한 마음으로 공양을 올립니다.

- 영취산에서 부처님의 가르침을 받았던 십대제자, 십육성현, 오백성현, 독수성현, 천이백 아라한을 위시한 한량없이 많은 자비로운 성현님들께 지극한 마음으로 공양을 올립니다.

- 인도에서 동쪽으로 한국에까지 가르침의 등불을 이어오신 큰 조사 스님들과 천하의 종사 스님들과 많은 선지식들께 지극한 마음으로 공양을 올립니다.

- 시방 삼세 온 누리에 계시는 많고

많은 부처님의 제자들께 지극한 마음으로 공양을 올립니다.

• 간절히 바라옵나이다. 대자대비하신 삼보시여! 저의 공양을 받으시고 한량없이 큰 가피를 내려 주시옵소서. 저와 모든 중생들이 모두 부처를 이루도록 하여 주시옵소서. 간절히 간절히 바라옵나이다.

3. 【천수경】

입으로 지은 업을 씻어내는 진언

수리수리 마하수리 수수리 사바하[59]
(세번)

주위의 신들을 안위하는 진언

나무 사만다 못다남 옴 도로도로 지미 사바하[60] (세번)

---

[59] 깨끗이 깨끗하게 참으로 깨끗하게 완전히 깨끗하게 씻기를 바랍니다.
[60] 일체 모든 부처님과 성중들이여! 이 자리에 임하시어 주시옵소서.

경전 독송 전의 계송

높디높고　깊디깊은　부처님말씀
백천만겁　지나가도　듣기힘든데
제가지금　보고들어　지니었으니
부처님의　진실한뜻　이루럽니다.

경전 독송 전의 진언

옴 아라남 아라다[61] (세번)

천 개의 손과 천 개의 눈으로 중생들을 제도하시는[62] 관세음 보살님의

---
61) 오! 바른 진리 깊이깊이 깨닫기를 바랍니다.
62) 제도(制度) : 중생들이 겪고 있는 고통을 없애주는 것을 말합니다.

광대원만하고,[63] 걸림없는 대비심의 다라니를[64] 염송하여 올립니다.

대비심의 관음보살[65] 넓고깊은 원력들과
아름다운 상호들에[66] 머리숙여 절합니다.
천개팔로 고통중생 빠짐없이 거두시고
천개눈의 광명으로 온누리를 밝힙니다.
진실하신 말씀으로 깊은뜻을 전하시고
걸림없는 무위심에[67] 대비심을 보입니다.
여러소원 빠짐없이 온전하게 이뤄주고

---

63) 광대원만(廣大圓滿) : 일반적으로 발원이 '넓고 크고, 모든 것을 융섭한다'는 말입니다.
64) 다라니 : 경전의 인도말입니다.
65) 관음보살(觀音菩薩) : 관세음 보살의 다른 이름입니다.
66) 상호(相好) : 보통사람에 비해 부처님만이 가지고 계시는 특징을 말합니다.
67) 무위심(無爲心) : 걸림 없는 착한 마음을 말합니다.

모든죄업 남김없이 없애도록 해줍니다.

천룡팔부 성중들도 자비롭게 보살피고
백천가지 온갖삼매[68] 이루도록 해줍니다.

이다라니 받아지닌 이내몸은 광명깃발
이다라니 받아지닌 이내마음 신통창고

세상티끌 씻어내고 고통바다 어서건너
깨달음의 방편문을[69] 이루도록 해줍니다.

제가지금 관음보살 일심으로 염송하여
마음따라 뜻하는일 이뤄지길 바랍니다.

나무대비관세음![70]
모든법을 어서빨리 깨닫기를 바랍니다.

---

68) 삼매(三昧) : 독서삼매 등 완전한 정신통일이 된 상태를 말합니다.
69) 방편문(方便門) : 수단이나 방법을 말합니다.
70) 나무대비관세음 : 대비심을 가지고 계시는 관세음보살님께 귀의한다는 뜻입니다.

나무대비관세음!
지혜눈이 어서빨리 뜨이기를 바랍니다.

나무대비관세음!
모든중생 어서빨리 제도하길 바랍니다.

나무대비관세음!
좋은방편 어서빨리 가지기를 바랍니다.

나무대비관세음!
반야배에[71] 어서빨리 오르기를 바랍니다.

나무대비관세음!
고통바다 어서빨리 건너기를 바랍니다.

나무대비관세음!
계정의길[72] 어서빨리 걸어가길 바랍니다.

---

71) 반야(般若)배 : 반야지혜를 '고통바다를 건너는 배'에 비유한 것입니다.
72) 계정(戒定) : 지계와 선정을 한꺼번에 말하는 용어입니다.

나무대비관세음!
열반산에 어서빨리 오르기를 바랍니다.

나무대비관세음!
무위집에[73] 어서빨리 모이기를 바랍니다.

나무대비관세음!
법성신과[74] 어서빨리 하나되길 바랍니다.

칼산으로 제가가면
    칼산절로 무너지게 하옵소서.
불구덩에 제가가면
    불구덩이 절로식게 하옵소서.
지옥으로 제가가면

---

73) 무위(無爲)집 : 어떤 생각그물에도 걸리지 않아서 매우 안락한 곳이라는 말입니다.
74) 법성신(法性身) : 법의 성품이 그대로 몸으로서 나투었다는 말입니다.

　　　　　지옥절로 없어지게 하옵소서.
아귀세계 제가가면
　　　　　아귀절로 배부르게 하옵소서.
아수라계[75] 제가가면
　　　　　수라악심 절로풀게 하옵소서.
축생세계 제가가면
　　　　　축생절로 지혜롭게 하옵소서.

나무관세음보살마하살, 나무대세지보살마하살, 나무천수보살마하살, 나무여의륜보살마하살, 나무대륜보살마하살, 나무관자재보살마하살,[76] 나무정

---

75) 아수라계(阿修羅界) : 아수라들이 사는 세상을 말합니다. 아수라(阿修羅)는 싸우기를 좋아하는 무섭고 나쁜 귀신을 말합니다.

취보살마하살, 나무만월보살마하살, 나무수월보살마하살, 나무군다리보살마하살, 나무십일면보살마하살,77) 일체모든 보살님길 일심으로 가렵니다.

가장크신 스승이신 아미타-부처님길78) 일심으로 가렵니다(세번)

신묘장구대다라니

나모라 다나다라 야야 나막알야 바

---

76) 관자재보살(觀自在菩薩) : 관세음 보살의 다른 이름입니다.
77) 천수경 11보살 : 여기에 언급된 열한 분의 보살님에 대한 간단한 설명이 용어해설에 있습니다.
78) 아미타 부처님 : 무량광불(無量光佛), 무량수불(無量壽佛), 아미타불(阿彌陀佛)은 같은 분입니다.

로기제 새바라야 모지사다바야 마하 사다바야 마하가로 니가야 옴 살바 바예수 다라나 가라야 다사명 나막 가리다바 이맘알야 바로기제 새바라 다바 니라간타 나막 하리나야 마발다 이사미 살발타 사다남 수반 아예염 살바 보다남 바바말아 미수다감 다냐타 옴 아로계 아로가 마지로가 지가란제 혜혜하례 마하모지 사다바 사마라 사마라 하리나야 구로구로 갈마 사다야 사다야 도로도로 미연제 마하미연제 다라

다라 다린나례 새바라 자라자라 마
라 미마라 아마라 몰제 예혜혜 로
계 새바라 라아 미사미 나사야 나
베 사미사미 나사야 모하자라 미사
미 나사야 호로호로 마라호로 하례
바나마 나바 사라사라 시리시리 소
로소로 못쟈못쟈 모다야 모다야 매
다리야 니라간타 가마사 날사남 바
라 하리나야 마낙 사바하 싯다야
사바하 마하싯다야 사바하 싯다유
예 새바라야 사바하 니라간타야 사
바하 바라하 목카싱하 목카야 사바

하 바나마 하따야 사바하 자가라 욕다야 사바하 상카섭나녜 모다나야 사바하 마하라 구타다라야 사바하 바마사간타 니사 시체다 가릿나 이나야 사바하 먀가라 잘마 이바사나야 사바하.

나모라 다나다라 야야 나막알야 바로기제 새바라야 사바하(세번)

【사방을 찬탄하는 노래】

첫째동방 물뿌려서 온도량을[79]
　　　　　청결하게 하였습니다.
둘째남방 물뿌려서 시원하고
　　　　　신선하게 하였습니다.
셋째서방 물뿌려서 아미타불
　　　　　극락정토 갖췄습니다.[80]
넷째북방 물뿌려서 길이길이
　　　　　안강하게 하였습니다.

---

79) 도량(道場) : 도를 닦는 장소를 말합니다. 일반적으로 절을 의미합니다.
80) 정토(淨土) : 일반적으로 아미타 부처님이 계시는 극락세계를 정토라 합니다.

【도량을 찬탄하는 노래】

모든도량　깨끗하게　청소하고서
삼보님과　천룡들을　함께모시고
거룩하고　높은법문　염송합니다.
자비로써　저희들을　보살피소서.

【참회하는 게송】

한량없이　긴긴세월　내려오면서,
탐욕분노　어리석음　삼독때문에[81]
몸과말과　마음으로　지었던죄업,

---

81) 삼독(三毒) : 탐(貪; 탐애, 탐욕)·진(瞋; 진에, 분노)·치(癡; 치암, 무지)를 말합니다.

제가지금 빠짐없이 참회합니다.

【업장을 소멸시켜 주는 열두 분의 부처님들】 82)

일심으로 모든죄업 참회하오니
저의업장83) 소멸시켜 주시옵소서.
나무보승장불, 나무보광왕화염조불, 나무일체향화자재력왕불, 나무백억강가사결정불, 나무진위덕불, 나무금강견강소복괴산불, 나무보광

---

82) 참회 12불 : 열두 분의 부처님에 대한 간단한 설명이 용어해설에 있습니다.
83) 업장(業障) : 업으로 인하여 생기는 장애를 말합니다. 일반적으로 악업으로 인한 장애를 말합니다.

월전묘음존왕불, 나무환희장마니보적불, 나무무진향승왕불, 나무사자월불, 나무환희장엄주왕불, 나무제보당마니승광불.

【열 가지 중죄를 참회합니다】

살생하여 지은중죄 지금바로
지극-한 마음으로 참회합니다.
도둑질해 지은중죄 지금바로
지극-한 마음으로 참회합니다.
사음하여 지은중죄 지금바로[84]

---

84) 사음(邪淫) : 정당하지 않는 모든 음행을 사음이라고 합니다.

지극-한   마음으로   참회합니다.

거짓말해   지은중죄   지금바로

지극-한   마음으로   참회합니다.

발린말해   지은중죄   지금바로

지극-한   마음으로   참회합니다.

이간질해   지은중죄   지금바로

지극-한   마음으로   참회합니다.

욕설하여   지은중죄   지금바로

지극-한   마음으로   참회합니다.

탐욕부려   지은중죄   지금바로

지극-한   마음으로   참회합니다.

화를내어   지은중죄   지금바로

지극-한 마음으로 참회합니다.
어리석어 지은중죄 지금바로
지극-한 마음으로 참회합니다.

백겁쌓은 많은죄도 한순간에 사라진다.
마른풀이 불타듯이 흔적없이 사라진다.

죄의실체 본래없고 마음따라 일어나니,
마음씀이 청정하면 죄도따라 사라진다.

마음따라 모든죄업 흔적없이 사라져서
무념처에[85] 도달하면 참회했다 말하리라.

---

85) 무념처(無念處) : 어떤 생각그물에도 걸리지 않는 상태를 말합니다.

참회 진언

옴 살바 못자 모지 사다야 사바하[86]
(세번)

【준제관음을 찬탄하는 게송】

여의주를 가진이가 최고지위 차지하듯
준제공덕[87] 염송하는 인간이나 하느님은
세상어떤 어려움도 침범하지 못하오며
영원토록 부처님의 무량복을 누립니다.

나무 칠구지불모 대준제[88] 보살[89] (세번)

---
86) 발원으로는 '오! 보살의 일체지를 이루겠습니다'가 되고, 기원으로는 '보살님이시여! 모든 지혜를 이루도록 하옵소서'가 됩니다.
87) 준제공덕(准提功德) : 준제관음보살님의 공덕을 말합니다.
88) 대준제(大准提) : '준제관음보살' 혹은 '준제관음보살의 서원'을 높이는 말입니다.

세상을 깨끗이 하는 진언

옴 남[90] (세번)

호신 진언

옴 치림[91] (세번)

관세음보살 본심미묘 육자대명왕 진언

옴 마니 반메 훔[92] (세번)

---

89) 칠천만의 부처님을 길러주신 어머니인 준제관음 보살님길 일심으로 가렵니다.
90) 오! 깨끗하게 되어지소서!
91) '오! 저의 고통 없애주는 부처님의 자비심은 바다같이 깊습니다!'로도 번역할 수 있고, '오! 길상이 (바다같이) 넘치게 하옵소서'라고 번역할 수도 있습니다.
92) '오! 연꽃의 보배이신 관세음 보살님이시여! 윤회업을 없애주소서!' 혹은 '연꽃의 여의주시여! 청정케 하옵소서!'라고 번역할 수도 있습니다.

준제 진언

나무 사다남 삼먁삼못다 구치남 다냐타[93]

옴 자례주례 준제 사바하 부림[94] (세번)

제가지금 대준제를 염송하여 올립니다.
보리원을[95] 이루려는 큰발원을 하옵니다.
선정지혜[96] 온전하게 밝히기를 바랍니다.
모든공덕 두루두루 이루기를 바랍니다.
높은복덕 시방세계 장엄하길 바랍니다.
모든중생 부처님길 이루기를 바랍니다.

---

93) 칠천만의 부처님께 귀의합니다.
94) 오! 준제관음 보살님이시여! 윤회업을 없애고 또 없애 주소서!
95) 보리원(菩提願) : 보리, 즉 최고의 바른 깨달음을 이루려는 마음을 내는 것을 말합니다.
96) 선정(禪定) : 참선을 하여 마음이 완전히 안정된 상태를 말합니다.

부처님께 올리는 열가지 큰발원

악도에서 영원토록 벗어나길 바랍니다.
탐진치를[97] 빠짐없이 베어내길 바랍니다.
불법승을 한결같이 모시기를 바랍니다.
계정혜를[98] 부지런히 닦고닦길 바랍니다.
부처님의 가르침을 따르기를 바랍니다.
보리심을 변함없이 지니기를 바랍니다.
극락세계 틀림없이 왕생하길 바랍니다.
아미타불 어서빨리 만나뵙길 바랍니다.
나의분신 온세상에 나투기를 바랍니다.
한량없이 많은중생 제도하길 바랍니다.

---

97) 탐진치(貪瞋痴) : 탐욕, 분노, 어리석음을 말합니다.
98) 계정혜(戒定慧) : 지계와 선정과 지혜를 한꺼번에 말하는 용어입니다.

【네 가지 큰 발원】

중생이 아무리
　　　끝없어도 다 건지오리다.
번뇌가 아무리
　　　끈질겨도 다 끊으오리다.
법문이 아무리
　　　많더라도 다 배우오리다.
불도가 아무리
　　　높더라도 다 이루오리다.
자성에 내재한[99]
　　　중생들을 다 건지오리다.

---
99) 자성(自性) : 자신의 본성을 말합니다.

자성에 내재한
　　　번뇌들을 다 끊으오리다.
자성에 내재한
　　　법문들을 다 배우오리다.
자성에 내재한
　　　불도들을 다 이루오리다.

【삼귀의】

시방의 모든 부처님을 항상
지극한 마음으로 따르겠습니다.
시방의 모든 가르침을 항상

지극한 마음으로 따르겠습니다.
시방의 모든 제자들을 항상
지극한 마음으로 따르겠습니다.

4. 【청한 이유】

거룩하디 거룩하고 높디높은 삼보님은
진여청정 법계에서 대비구름 일으키어
삼천세계 두루하는 거룩한몸 나투시되
나퉜다는 생각조차 전혀하지 아니하고
감로법비 내리시어 팔만번뇌 씻어주되
설했다는 생각조차 전혀하지 아니하고

골짜기가 모든소리 메아리로 화답하고
달빛속의 맑은물이 모든형상 다비추듯
방편열어 모든중생 빠짐없이 제도하니
사바세계 대한민국 ○○○○ 이도량에
삼가법석 마련하고 조촐공양 진설하여
시방삼세[100]다함없는 삼보님께 바칩니다.
청정대원 이루고자 법의자리 마련하고
경건하게 작법지어 크신은덕 비옵니다.
자비로써 이자리에 강림하여 주옵소서.
(세번)

---

100) 시방삼세(十方三世) : 시방은 모든 방향이라는 의미이고, 삼세는 과거·현재·미래세상이라는 의미입니다. 즉 공간적으로 모든 세상, 시간적으로도 모든 세상이라는 말입니다.

5. 【공양 드시기를 청함】

대자비를 체로삼는 삼보님께 청합니다.
온마음과 온몸으로 간절하게 청합니다.
병이들어 앓는이엔 어진의사 되시옵고
길을잃고 헤맨이엔 바른길을 가르치며
어두운길 가는이엔 밝은햇불 되옵시고
돈이없는 사람에겐 무량보배 얻게하며
일체중생 고루고루 평등하게 거두시는
평정하온 법신이신 비로자나 부처님과
원만하온 보신이신 노사나불 부처님과
천백억의 화신이신 석가모니 부처님과
서방정토 극락세계 아미타- 부처님과

오는세계 사바세계 자씨미륵 부처님등
시방세계 항상계신 진여이신 불보님께
온마음과 온몸으로 간절하게 청합니다.
일승원교 대화엄경 대승실교 법화경과
세곳에서 마음전한 언어문자 여읜법과
시방세계 항상계신 깊고깊은 법보님께
온마음과 온몸으로 간절하게 청합니다.
큰지혜의 문수보살 큰행원의 보현보살
대비심의 관음보살 큰발원의 지장보살
세곳에서 부처님의 마음전한 가섭존자
부처님법 새겨들은 다문제일 아난존자
시방세계 항상계신 청정하온 승보님께
온마음과 온몸으로 간절하게 청합니다.

일체세계 일체시에 두루하신 삼보님께
온마음과 온몸으로 간절하게 청합니다.
대자대비 삼보시여 저희정성 긍휼하사
자비로운 마음으로 저희공양 받으소서.

부처님께 향과꽃을 올리옵니다(세번)

부처님몸　시방세계　두루하시고
과거현재　미래부처　다같습니다.
광대하신　원력구름[101]　한량이없고
깨달음의　넓은바다　끝없습니다.

---
101) 원력(願力)구름 : 좋은 원을 세워서 실천하려는 원력이 매우 크다는 말입니다.

시방삼세　부처님길
일심으로　가렵니다.

보배자리를 봉헌하는 진언

삼세제불[102] 정각이뤄　앉으시었던
높디높고　아름다운　보배자리를
저희들이　마련하여　올리옵니다
저희들과　모든중생　함께성불해
빠짐없이　이자리에　앉게하소서

옴 바아라 미랴야 사바하(세번)

---
102) 삼세제불(三世諸佛) : 과거·현재·미래의 모든 부처님이라는 말입니다.

세상을 깨끗이 하는 진언

옴 남(세번)

차를 올리는 게송

시방삼세 부처님과 미묘하신법
삼승사과[103] 해탈하신 제자님들께
정성다해 저희들이 공양합니다.
자비로써 저희정성 받아주소서.

진언으로 향기공양 올립니다.
저희들이 정성다해 향기공양 올립니다.

---
103) 삼승사과(三乘四果) : 삼승은 소승·대승·보살승을 말하며 사과는 수다원·사다함·아나함·아라한을 말합니다.

향기공양 드십시오 자비로써 드십시오.
원만하고 미묘하신 위신력을[104] 베푸시어
저희들의 정성어린 향기공양 드십시오.
부처님께 귀의하고 가르침에 귀의하고
제자들께 귀의하며 향기공양 올립니다.

모두에게 공양을 올리는 진언

옴 아아나 삼바바 바아라 훔 (세번)

모든 공덕을 회향하는[105] 진언

옴 삼마라 삼마라 미만나 사라마하

---
104) 위신력(威神力) : 부처님이나 보살님들이 중생들을 보살피는 힘이 매우 크다는 말입니다.
105) 회향(廻向) : 자기가 닦은 선근공덕을 다른 중생이나 깨달음에 돌리는 것을 말합니다.

자가라바 훔(세번)

소원성취진언

옴 아모카 살바다라 사다야 시베 훔(세번)

모자람을 채우는 진언

옴 호로 호로 사야못계 사바하(세번)

큰우주의 미진수는[106] 셀수있어도

큰바다의 물은모두 마실수있고

---
106) 미진수(微塵數) : 우주를 작은 티끌로 만들었을 때의 티끌 알갱이 수를 말합니다.

허공측정 바람매는 재주있어도
부처님의 공덕은다 말할수없네

1. 식사 전
고맙습니다.
이음식이 이자리에 올수있도록
수고하신 많고많은 이웃들에게
감사하는 마음으로 먹겠습니다.

2. 식사 후
고맙습니다.
많고많은 이웃들의 수고덕분에

향기롭고 맛이있는 귀한음식을
감사하는 마음으로 먹었습니다.
이음식을 통하여서 얻은힘으로
나쁜행동 하나라도 않겠습니다.
착한행동 빠짐없이 하겠습니다.
깨끗하고 맑은마음 갖겠습니다.

석가모니 부처님길 일심으로 가렵니다.
석가모니 부처님길 일심으로 가렵니다.
가장크신 스승이신
석가모니 부처님길 일심으로 가렵니다.

〈사시불공 끝〉

Ⅲ. 저녁 예불

1. 【저녁 종송】

이종소리 들은이는 번뇌끊고서
일체지혜 키우고서 등정각이뤄
지옥고통 벗어나고 삼계고넘어[107]
부처님을 이루고서 중생건지길
온마음과 온몸으로 기원합니다

---

107) 삼계고(三界苦) : 삼계, 즉 욕계·색계·무색계는 고통세계라는 말입니다.

지옥을 없애는 진언

옴 가라지야 사바하(세번)

2. 【저녁 예경】

【다섯 향을 올리는 게송】

바른 행동의 향기, 맑은 마음의 향기, 밝은 지혜의 향기, 참된 해탈의 향기, 해탈 지견의 향기를 올립니다. 온 법계에 가득한 광명의 구름 향기를 올립니다. 온 누리의 한량없이 많은 부처님과 가르침과 제자들께 올립니다.

향을 올리는 진언
옴 바아라 도비야 훔[108] (세번)

지극한 마음으로 따르겠습니다.
- 삼계의 스승이시고 사생의 자비로운 어버이시며, 저의 가장 큰 스승이신 석가모니 부처님을 항상 지극한 마음으로 따르겠습니다.

---

[108] 윤회업을 빠짐없이 모두 없애고, 저 언덕에 어서 빨리 도달하기를 간절하게 기원하며 향 올립니다.

- 시방 삼세 온 누리에 계시는 많고 많은 부처님들을 항상 지극한 마음으로 따르겠습니다.
- 시방 삼세 온 누리에 계시는 많고 많은 부처님의 가르침들을 항상 지극한 마음으로 따르겠습니다.
- 큰 지혜의 문수 보살님, 큰 행원의 보현 보살님, 대비심의 관세음 보살님, 큰 발원의 지장 보살님을 항상 지극한 마음으로 따르겠습니다.
- 영취산에서 부처님의 가르침을

받았던 십대제자, 십육성현, 오백성현, 독수성현, 천이백 아라한을 위시한 한량없이 많은 자비로운 성현님들을 항상 지극한 마음으로 따르겠습니다.

• 인도에서 동쪽으로 한국에까지 가르침의 등불을 이어오신 큰 조사 스님들과 천하의 종사 스님들과 많은 선지식들을 항상 지극한 마음으로 따르겠습니다.

• 시방 삼세 온 누리에 계시는 많고 많은 부처님의 제자들을 항상 지

극한 마음으로 따르겠습니다.
- 간절히 바라옵나이다. 대자대비 하신 삼보시여! 저의 절을 받으시고 한량없이 큰 가피를 내려 주시옵소서. 저와 모든 중생들이 모두 부처를 이루도록 하여 주시옵소서. 간절히 간절히 바라옵나이다.

3. 【저녁 발원】

거룩하신 부처님께 귀의하오며,
지성으로 예배공경 발원합니다.

하루일과   빠짐없이   모두끝내고
여래의집[109] 가운데서   쉬려합니다.
여래법성   청정하신   손길뻗으사
자비로써   저희들을   거둬주소서.
마음속의   먼지와때   씻어주시고
저희들의   모자람을   채워주시고
저희들의   아픔모두   달래주소서.
오늘하루   이웃위해   살았었는지
온마음과   온몸으로   반성합니다.
어두움의   세상에서   헤매고있는
저희들의   몸과마음   지켜주소서

---

109) 여래(如來) : 부처님의 다른 이름입니다. 부처님은 여여하기 때문에 여래라고 합니다.

부처님의 광명으로 지켜주소서.
내일아침 밝은아침 되게하소서
부처님의 자비원력[110] 기원합니다.

석가모니 부처님길 일심으로 가렵니다.
석가모니 부처님길 일심으로 가렵니다.
가장크신 스승이신
석가모니 부처님길 일심으로 가렵니다.

---

110) 자비원력(慈悲願力) : 대자대비행을 실천하겠다는 발원을 하고 힘써 노력하는 것을 말합니다.

4. 【신중단 예경】

지극한 마음으로 따르겠습니다.

- 진법계 허공계에서 화엄회상에 오신 욕계 색계의 모든 하느님들을 항상 지극한 마음으로 따르겠습니다.

- 진법계 허공계에서 화엄회상에 오신 팔부신중과 네분 하느님왕을 항상 지극한 마음으로 따르겠습니다.

- 진법계 허공계에서 화엄회상에

오신 '법을 지키는 착한 신중님들'을 항상 지극한 마음으로 따르겠습니다.

- 간절히 바라옵나이다. 천룡팔부 신중들이여! 가까이서 저를 옹호하여 주시옵소서. 어려운 곳에 가더라도 어려움이 닥치지 않도록 하여 주시옵소서. 간절히 간절히 바라옵나이다.

【한글세대를 위한 독송용 반야심경】

반야바라밀을 깊이 행하여, 오온이 모두 공함을 보고, 모든 고통에서 벗어나신 관세음 보살님께서 말씀하셨습니다.

사리불 장로님! 대상은 공함과 다르지 않고, 공함은 대상과 다르지 않습니다. 대상이 바로 공함이며, 공함이 바로 대상입니다. 느낌·생각·행동·인식도 대상과 마찬가지입니다.

사리불 장로님! 이 모든 법들이 모두 공함을 보아야 합니다. 생겨남에도 걸리지 않고 없어짐에도 걸리지 않아야 하며, 더러워짐에도 걸리지 않고 깨끗해짐에도 걸리지 않아야 하며, 많아짐에도 걸리지 않고 적어짐에도 걸리지 않아야 합니다. 이렇게 하여 공함을 이루게 되면, 어떤 대상에도 걸리지 않게 됩니다. 어떤 느낌·어떤 생각·어떤 행동·어떤 인식에도 걸리지 않게 됩니다. 눈·귀·코·혀·피부·마음에도 걸리지 않게 됩니다. 형상·소리·냄새·맛·촉감·법에도 걸리지 않게 됩니다. 눈의 세계·귀의 세계·코의 세계·혀의 세계·피부의 세계·마음의 세계, 그 어느 세계에도 걸리지 않게 됩니다. 어두움이나 어두움에서 벗어남에도 걸리지 않게 됩니다. 늙고 죽음이나 늙고 죽음에서 벗어남에도 걸리지 않게 됩니다. 고집멸도에도 걸리지 않게 됩니다. 지혜에도 걸리지 않고, 이룸에도 걸리지 않게 됩니다. 이름에도 걸리지 않게 되었다는 생각조차도 하지 않게 됩니다. 그래서 보살님들께서는 반야바라밀에 의지하여, 모든 속박에서 벗어나셨습니다. 모든 속박에서 벗어나서, 모든 두려움에서 벗어나고 모든 망상에서 벗어나서, 구경열반을 이루셨습니다. 과거·현재·미래의 모든 부처님들께서도 반야바라밀에 의지하여, 최고의 바른 깨달음을 이루셨습니다. 따라서 알아야 합니다. 반야바라밀은 참으로 신비한 진언이며, 참으로 밝은 진언이며, 참으로 높은 진언이며, 무엇과도 비교할 수 없는 진언입니다. 참으로 진실하여 모든 고통을 없애주는 진언입니다. 그래서 반야바라밀의 진언을 말씀드리면, 다음과 같습니다.

'가자가자 넘어가자 다함께 가자. 피안에 가자'[111] (세번)

〈저녁예불 끝〉

---

[111] 음사는 "가떼가떼 빠라가떼 빠라상가떼 보리스바하"이며, 일부 불자님들께서는 "아제아제 바라아제 바라승아제 모지 사바하"라고 하기도 합니다. 심경진언을 참고하십시오.

용어 해설

불교(佛敎): 나쁜행동 하나라도 하지마시고,　諸惡莫作(제악막작)
　　　　　　착한행동 빠짐없이 모두하시고,　衆善奉行(중선봉행)
　　　　　　깨끗하고 맑은마음 가지십시오.　自淨其意(자정기의)
　　　　　　이세가지 일곱부처 불교입니다.　是諸佛敎(시제불교)
　　　　　　　　　　　　　　　　　　　　　　　(법구경 여래품)

독송용에 꼭 필요한 용어에 대해서 최소한의 해설만을 제시합니다. 자세한 용어해설은 다른 자료를 참고하시기 바랍니다.

가피(加被) : 부처님이나 보살님들께서 자비를 베풀어 중생들을 보살펴주는 것을 말합니다.

게송(偈頌) : 일반적으로 찬양하고 찬탄하는 노래를 말합니다. 그러나 설법 내용을 시적으로 표현하는 경우도 게송이라고 합니다.

계정(戒定) : 지계와 선정을 한꺼번에 말하는 용어입니다. 육바라밀 참고.

계정혜(戒定慧) : 지계와 선정과 지혜를 한꺼번에 말하는 용어입니다. 삼학 참고.

광대원만(廣大圓滿) : 일반적으로 발원이 '넓고 크고, 모든 것을 융섭한다'는 말입니다. 그러나 어떤 것이 참으로 크다는 의미로도 사용됩니다.

나투운다 : '나타낸다'는 말입니다. 특히, 스스로를 나타낸다는 말로 사용됩니다.

다라니 : 경전의 인도말입니다.

대비심(大悲心) : 부처님이나 보살님들께서 중생들의 고통을 나의 고통으로 공감하고 안타까워함이 매우 큰 마음을 말합니다. 관세음보살님의 명호 앞에 나오는 경우가 많습니다.

대준제(大准提) : '준제관음보살' 혹은 '준제관음보살의 서원'을 높이는 말입니다.
도량(道場) : 도를 닦는 장소를 말합니다. 일반적으로 절을 의미합니다.
등정각(等正覺) : 무엇과도 비교할 수 없는 최고의 바른 깨달음을 말합니다. 다른 종교와는 달리, 불교는 무조건 믿는 것이 아니고 증거가 있는 과학적인 도를 수행하는 것입니다. 무상정등각이라고도 하며 음사하여 아누다라삼먁삼보리라고도 합니다.
무념처(無念處) : 어떤 생각그물에도 걸리지 않는 상태를 말합니다. 아무 생각도 없는 것이 아니라 대자대비한 행동을 하면서 하였다는 생각에 걸리지 않는 것을 말합니다.
무위(無爲)집 : 가지가지 착한 행동을 하였으면서도 착한 행동을 하였다는 어떤 생각그물에 걸리지 않아서 매우 안락한 곳이라는 말입니다.
무위심(無爲心) : 문자 그대로 해석하면 '걸림 없는 마음'이지만, 걸림 없는 착한 마음을 뜻합니다. 착하지 않는 무위심은 막가파의 악한 마음이라고 해야 할 것입니다.
무진법문(無盡法文) : 한량없이 귀중한, 한량없이 많은 법문이라는 말입니다. 불보살님들께서는 한순간에 영겁의 세월로 이어지는 무진법문을 하며, 한 곳에서 무진법계로 이어지는 법문을 합니다.
미진수(微塵數) : 우주를 작은 티끌로 만들었을 때의 티끌 알갱이 수를 말합니다. 수를 참고하십시오.
반야(般若) : 법의 참다운 이치에 부합하는 최상의 지혜를 말합니다. 반야를 얻어야 성불하며 반야를 얻은 이는 부처이므로 반야는 모든 부처의 스승 또는 어머니라고 일컬어집니다. 간단히 말해서 속세의 지혜와 구분되는 참으로 바른 지혜를 말합니다.
반야(般若)배 : 반야지혜를 '고통바다를 건너는 배'에 비유한 것입니다. 반야 참고.
발심(發心) : 최고의 바른 깨달음을 이루려는 마음을 내는 것을 말합니다. 초심, 초발심이라고도 합니다.
발원(發願) : 극락세계를 건설하여 중생을 구제하려고 하거나 착한 일을 하려는 마음을 일으키는 것을 말합니다. 특히, 모든 중생이 완전히 성불하여 영원히 지옥을 없애겠다는 지장보살님의 발원을 중요시합니다.
방편문(方便門) : 수단이나 방법을 말합니다. 상대방의 근기에 따라서, 즉 상대방의 편의에 따라서 다른 내용의 설법을 한다는 말입니다.

법성(法性)바다 : 법의 성품이 한량없이 크고 맑고 아름답고 풍부하다는 말입니다.

법성신(法性身) : 한량없이 크고 맑고 아름답고 풍부한 법의 성품이 그대로 몸으로 나투었다는 말입니다.

보배비 : 보배가 비가 오듯이 많다는 말입니다.

사생(四生) : 알로 생긴 중생, 태로 생긴 중생, 습기로 생긴 중생, 변화하여 생긴 중생을 말합니다. 즉, 모든 중생을 말합니다.

사음(邪淫) : 사회적으로 혹은 부처님 법에서 허락하지 않는 모든 음행을 사음이라고 합니다. 오계 혹은 십악중죄 중의 세 번째를 말합니다.

삼계(三界) : 욕계·색계·무색계를 말합니다. 욕계는 음욕, 식욕 등의 욕망에 끌려 다니는 세계를 말합니다. 색계는 욕계는 벗어났으나 물질적인 세계를 말합니다. 무색계는 물질을 여의고 순 정신적인 세계를 말합니다.

삼계고(三界苦) : 삼계, 즉 욕계, 색계, 무색계는 고통세계라는 말입니다.

삼계고해(三界苦海) : 삼계, 즉 욕계, 색계, 무색계는 벗어나야 할 고통바다라는 말입니다.

삼독(三毒) : 탐(貪; 탐애, 탐욕)·진(瞋; 진에, 분노)·치(癡; 치암, 무지)를 말합니다. 중생의 선한 마음을 해치는 가장 근본적인 번뇌를 독에 비유한 것입니다.

삼매(三昧) : 독서삼매 등 완전히 정신통일이 된 상태를 말합니다.

삼보(三寶) : 부처님, 부처님의 법, 부처님을 따르는 대중을 통틀어 말합니다. 통상 불법승이라고 합니다. 여기서 승은 스님이라기보다는 부처님의 제자 사부대중을 의미합니다.

삼세제불(三世諸佛) : 과거·현재·미래의 모든 부처님이라는 말입니다.

삼승사과(三乘四果) : 삼승은 소승·대승·보살승을 말하며 사과는 수다원·사다함·아나함·아라한을 말합니다.

삼학(三學) : 육바라밀 중에서 지계·선정·지혜, 즉 계정혜를 말합니다. 육바라밀 참고.

상호(相好) : 부처님의 몸에 나타나는 여러 가지 특징들을 말합니다. 부처님께서는

32상과 80종호를 갖추고 있습니다.

수(數) : 우리가 지금 사용하는 수의 경우, 억은 10의 8승, 조는 10의 12승, 경은 10의 16승 밖에 되지 않습니다. 그런데, 궁갈라만 해도 10의 56승이며, 아가라는 10의 112승이며 그 이상은 계속 자승의 자승으로 100 이상 계속되므로 역자들로서는 설명할 길이 없습니다. 불가설이라든지 불가설 불가설, 아승기, 무량, 무변, 미진수, 찰미진수, 극미진수 등은 그냥 '많다!'라는 말로 이해할 수밖에 없습니다.

수라악심(修羅惡心) : 아수라의 나쁜 마음이라는 말입니다. 수라는 아수라의 준말입니다.

시방삼세(十方三世) : 시방은 모든 방향이라는 의미이고 삼세는 과거 현재 미래세상이라는 의미입니다. 즉 공간적으로 모든 세상, 시간적으로도 모든 세상이라는 말입니다.

신중(神衆) : 문자 그대로는 신들이라는 의미이나 통상 좋은 신들이라는 말입니다.

아라한(阿羅漢) : 성문제자 성현들 중에서 최고의 경지를 말합니다. 나한이라고도 합니다.

아수라(阿修羅) : 원래는 장난을 좋아하는 신으로 등장하였습니다. 장난을 좋아하는 것을 싸우기를 좋아하는 것으로 오해하여 약간 나쁜 귀신으로 생각하게 되었습니다. 그러다가 중고 이후에는 무서운 귀신으로까지 인식되게 되었습니다.

아수라계(阿修羅界) : 아수라들이 사는 세상을 말합니다.

업장(業障) : 업으로 인하여 생기는 장애를 말합니다. 일반적으로 악업으로 인한 장애를 말합니다.

여래(如來) : 부처님의 다른 이름입니다. 부처님은 어떤 것에도 걸리지 않고, 걸리지 않는다는 생각도 전혀 하지 않아서 여여하기 때문에 여래라고 합니다.

예경(禮敬) : 예배 공경의 준말입니다.

옥호광명(玉毫光明) : 부처님은 두 눈썹 사이에 백옥 같이 흰 털이 있는데, 이 털은 오른쪽으로 말려 있으며 끊임없이 빛을 발하고 있습니다. 부처님은 옥호광명으로 많은 중생들에게 설법을 하고 자비를 베푸십니다.

욕계(欲界) : 음욕, 식욕 등의 욕망에 끌려 다니는 세계를 말합니다. 삼계 참고.

원력(願力) : 좋은 원을 세워서 실천하려는 노력 혹은 이러한 노력으로 얻은 능력을 말합니다.

위신력(威神力) : 부처님이나 보살님들이 중생들을 보살피는 힘이 매우 크다는 말입니다.

유리광불(琉璃光佛) : 약사여래 부처님의 다른 이름입니다.

육바라밀(六波羅蜜) : 가장 중요한 여섯 가지 선행의 완성을 말합니다. 즉 보시, 지계, 인욕, 정진, 선정, 지혜의 완성을 말합니다. 보시는 베푸는 행동, 지계는 불교 도덕에 부합하는 행동, 인욕은 욕됨을 참는 행동, 정진은 게으름을 피우지 않고 부지런히 하는 행동, 선정은 마음을 고요히 통일하는 행동, 지혜는 나쁜 소견을 버리고 참된 소견을 가지는 행동을 말합니다.

자비원력(慈悲願力) : 대자대비행을 실천하겠다는 발원을 하고 힘써 노력하는 것을 말합니다.

자성(自性) : 자신의 본성을 말합니다.

장엄(莊嚴) : 매우 거룩하고 아름답다는 말입니다.

제도(濟度) : 중생들이 겪고 있는 고통을 없애주고 '고통이 전혀 없는, 완전한 행복의 세상'으로 안내하여 주는 것을 말합니다.

준제공덕(准提功德) : 준제관음보살님의 공덕을 말합니다.

진법계(盡法界) : 모든 법계라는 의미도 있고 '모든 법계를 뛰어넘어, 모든 법계는 말할 필요도 없고' 등의 의미도 있습니다.

진여법성(眞如法性) : 우리의 법성은 무엇과도 비교할 수 없는 진여 그 자체라는 말입니다.

진여태양(眞如太陽) : 태양이 가장 밝고 맑듯이 우리의 법성이 태양처럼 밝고 맑다는 의미도 되고, 부처님께서 태양과 같은 진여법성을 보여주고 있다는 의미도 됩니다.

천룡팔부(天龍八部) : 부처님의 법을 수호하는 신장들을 말합니다. 즉 하느님, 용, 야차, 아수라, 가루라, 건달바, 긴나라, 마후라가를 말합니다. 이 가운데서 하느님과 용이 으뜸이므로 통상 하늘 천과 용 용자를 머리에 두어 천룡팔부라고 합니다.

축생(畜生) : 동물 중에서 인간을 제외한 모든 동물을 말합니다.

축생고통(畜生苦痛) : 축생들은 항상 약육강식의 세계에 살기 때문에 항상 불안하며, 고통이 매우 큽니다.

축생세계(畜生世界) : 축생으로서 살아가는 세계를 말합니다.

탐진치(貪瞋痴) : 탐욕, 분노, 어리석음을 말합니다.

팔부신중(八部神衆) : '하느님·용·야차·건달바·아수라·가루라·긴나라·마후라가/인비인'을 통칭하는 말입니다. 팔부중 혹은 팔부중생이라고도 합니다. '인비인'은 팔부신중에 대한 총칭이기도 하고, 긴나라와 동의어로 사용되기도 하고, 사람과 사람 아닌 이에 대한 총칭으로 사용되기도 합니다.

행원(行願) : 보살행을 발원하고 실천하는 것을 말합니다.

허공계(虛空界) : 보이는 법계 외의 보이지 않는 허공의 세계를 말합니다. 없다는 의미가 아니라 각 중생들의 감각으로는 '없는 것으로 감지되어지는 세계'를 말합니다.

현상계(現象界) : 진리의 세계인 진여세계와 대비되는 '보여지는 세계'라고 할 수 있습니다. '주관세계인 보는 작용'이 있으면 이에 따라 반드시 일어나는 '객관이라고 보여지는 경계'를 말합니다.

화엄회상(華嚴會上) : 화엄경을 처음 설하셨던 법회 혹은 화엄경을 독송하거나 설하는 법회를 말합니다.

화장세계(華藏世界) : 비로자나 부처님의 정토를 말합니다. 연화장세계 혹은 화장계라고도 합니다. 풍륜 위에 향수바다가 있고, 향수바다 가운데에 대연화가 있고, 연화 안에 무수히 많은 세계가 있다고 합니다.

회향(廻向) : 자기가 닦은 선근공덕을 다른 중생이나 깨달음에 돌리는 것을 말합니다. 회향에는 중생회향, 보리회향, 실제회향 등이 있습니다.

편역자 발문

행복훈련과 불교

역자는 심리학 교수입니다. 더 분명히 말하면 상담심리전문가, 심리치료자, 정서·행동 장애아 교육학자입니다. 서양 이론들의 한계를 극복하고자 동양의 지혜를 심리상담에 접목시키려 하던 중 '행복훈련'을 개발하였습니다. 행복훈련 참석자들은 거의 전원이 '자신을 위대한 성현으로 존경하고, 가족·이웃을 자신의 몸과 같이 사랑할 수 있는 격한 경련'을 경험합니다. 정상인은 물론이고 우울증·불안·강박증·불면증 등의 신경증 환자와 정신분열증 진단 환자까지도 상당한 호전을 보이며 인생 최고의 행복을 체험합니다. 서양의 어떤 심리상담에서보다도 많은 행복을 주었다고 자부합니다.

행복훈련이 성공을 거두었던 가장 큰 이유는 아마도 동양의 지혜에 대한 관심이었을 것으로 봅니다. '동양의 지혜'라면 누가 뭐라 하여도 불교입니다. 불교라면 누가 뭐라 하여도 금강경입니다. 20대 초반에 시작된 동양 유랑은 50이 되면서 초점을 잡고 금강경을 공부하게 되었습니다. 금강경을 독송하던 중, 필자는 '근원도 알 수 없는, 나 자신의 저 깊고 깊은 곳에서 생명의 빛이 흘러나오는 것'을 발견했습니다. '나와 모든 생명이 함께 하는 빛, 생명의 빛'이 나의 깊은 곳에서 나오고 있었습니다. 나의 웃음 속에 묻어 있던 공허함은 급격히 감소되고 나의 웃음은 더 우렁차게 되었습니다. 여러 신비체험들은 감히 여기 싣지 않겠으나, 날씨와는 무관하게 밖에서 불어오는 법풍(法風, 진리의 바람)은 필자의 몸과 마음을 지금도 가끔씩 시원하게 해 주고 있습니다. 상담심리학자로서의 필자는 '남을 위한 행복훈련'의 작은 집에서 벗어나 '나와 남을 함께 행복나라로 안내하는 진정한 행복훈련자'가 되어 가고 있습니다.

혼자 보기가 너무 안타까워서 선배·동학들과 뜻을 보아 현대어로 번역하고 무비스님의 권유로 출간한 것이 인연이 되어 지금은 행복훈련보다 불교 경전 번역에 더 강력한 추진력을 갖게 되었습니다.

고맙습니다

역자가 부처님 말씀을 번역하여 출간할 수 있게 된 배경에는 너무나 많은 분들의 은혜가 있었습니다. 도저히 존함들을 나열할 수 없을 정도로 많습니다. 다음 분들에게 특히 많은 은혜를 입었습니다.

첫 고마움은 아무래도 용성스님을 비롯 앞서 이 길을 걸었던 많은 불경 번역가들에게 전해야 할 것 같습니다. 중국인들조차 거의 읽지 못하는 고대 중국한어를 번역하느라 참으로 수고하셨습니다. 선배 번역가들의 번역이 없었더라면 번역을 시도조차 하지 못했을 것입니다. 많은 은혜를 입었습니다.

둘째 고마움은 안형관 선배님과 강수균 선배님을 비롯한 화화회(화엄경과 화이트헤드를 연구하는 모임) 회원들에게 드려야 할 것 같습니다. 회의비는커녕 식사비조차도 각자 지참하면서 몇 년에 걸쳐 매주 몇 시간씩 원고를 교정해 주고 가르쳐 주신 두 분 선배님과 강태진, 전영숙, 김정자, 김정옥, 정희교, 박호진, 조현재, 이근배, 왕가년, 송위덕, 최경희, 이희백, 정기언, 최명식, 권현용, 박정숙, 황경열, 최송실, 김남희, 박현조, 김연지, 고원자, 전태옥, 이경순 회원님들을 비롯한 수많은 회원들에게 깊은 감사를 드립니다.

셋째 고마움은 무비스님께 올려야 할 것 같습니다. 천진난만하시며(?), 대자대비에도 걸리지 않으시는 '살아계시는 대 성현의 모습'을 보여 주시고, 자상한 가르침을 베풀어 주셨습니다. 처음 금강경에 대해서 감수를 해 주셨다가, 이제는 공역자의 자리에까지 내려와 주셨습니다. 황송하고 황망할 뿐입니다. 참으로 고맙습니다. 또한 제 건강상의 문제로 영어금강경을 포기할 즈음에 용기와 희망을 주신 중앙승가대학교의 미산스님께 말로는 도저히 표현할 수 없을 큰 은혜를 입었습니다. 그 외에도 참으로 많은 스님들의 질타와 격려를 받았습니다. 안성 도피안사의 송암스님, 경산 경북불교대학의 돈관스님, 운문승가대학의 일진스님, 마지막으로 인간의 향기로 감화를 주신 혜국스님께 감사를 올립니다.

출간을 허락해 준 출판사에도 깊은 감사를 드립니다. 또한 책 내용의 출판권은 당연히 출판사에 있으나, 각 사찰의 신행 수첩이나 다른 출판사의 불교 성전 혹은 인터넷에서도 활용할 수 있습니다. 그렇지만, 역자의 서면 동의를 받은 후에 사용해 주시면 고맙겠습니다. 신행 수첩 등에 활용할 수 있도록 협조해 주신 출판사에 진심으로 감사드립니다.

더불어, '한글특별법회'나 '불교의식'이 발간되기 전이라도 문병의식·문상의식·돌의식·생일의식·회갑의식·칠순의식·수련회 등에서 사용할 수 있는 약본 한글법요집을 준비하고 있습니다. 고대 중국 한어 법회에서 벗어나 한글다운 한글로 된 법요집으로 법회를 하고자 하시는 사찰이나 신행단체 혹은 신도님들의 많은 관심과 격려를 부탁드립니다.

모두 모두 부처님 되십시오. 대심 조현춘(011-809-5202) 합장.

무비(無比) 스님
- 범어사에서 如幻 스님을 은사로 출가 · 해인사 강원 졸업
- 통도사와 범어사 강주(역임) · 조계종 종립 승가대학원 원장(역임)
- 조계종 교육원장(역임) · 범어사 승가대학장(현)
- http://cafe.daum.net.yumhwasil
- 역·저서 : 임제록강설, 사람이 부처님이다, 금강경 이야기, 금강경오가해, 보현행원품 강의, 화엄경 강의, 법화경(상, 하), 한글 화엄경(12권), 무비스님과 함께 하는 불교공부, 지장경 강의 등.

대심(大心) 조현춘
- 경북대학교 심리학과 교수(현) · 법륜불자교수회 회장(현)
- 행복훈련원 지도교수(현) · 화엄경과 화이트헤드연구회 회장(현)
- 한국동서정신과학회 회장(역임)
- 홈 : www-2.knu.ac.kr/~happiness 한국동서정신과학회 행복교실
- 저·역서 : 심리상담과 치료의 이론과 실제, 성격심리학, 아동이상심리학, 실험심리학, 집단심리상담의 이론과 실제, 일상 심리학의 이해 등.

무비 스님과 조현춘 교수의 공동 역서
한글세대를 위한 독송용 금강경, 한글세대를 위한 독송용 보현행원품,
한글세대를 위한 독송용 아미타경, 한글세대를 위한 독송용 관음경,
한글세대를 위한 독송용 지장경, 한글세대를 위한 독송용 불유교경,
한글세대를 위한 독송용 예불문(천수경), 한글세대를 위한 독송용 백팔참회문,
한글세대를 위한 독송용 매일법회, 한글세대를 위한 독송용 일반법회 등

한글세대를 위한 독송용 매일법회

초판 1쇄 인쇄/2005년 10월 3일 / 초판 1쇄 발행/2005년 10월 10일

공역/무비·조현춘
펴낸이/김시열
펴낸곳/도서출판 운주사

등록 제2-754호
주소/서울특별시 성북구 동소문동 6가 25-1
Tel/02)926-8361, Fax/02)926-8362

값 5,000원

잘못된 책은 바꾸어 드립니다.